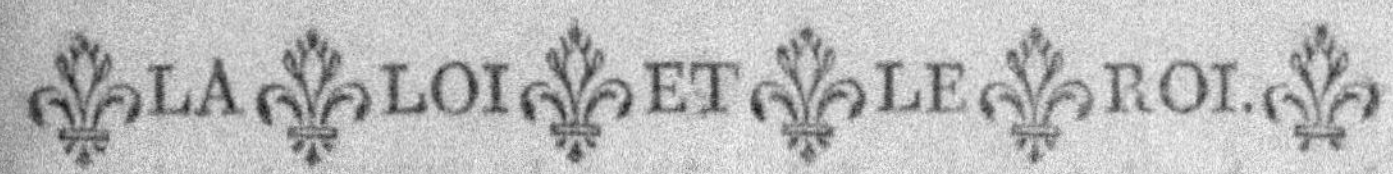

PROCLAMATION

DU ROI,

Sur Décrets de l'Assemblée Nationale, faisant suite au Décret concernant l'Organisation Judiciaire.

Du 11 Septembre 1790.

V U par le Roi, les Décrets dont la teneur suit :

Décret de l'Assemblée Nationale, des 25 Août & 1 Septembre 1790.

L'ASSEMBLÉE NATIONALE a décrété & décrète :

ARTICLE PREMIER.

LES Ecclésiastiques ne peuvent être élus aux places de Juges, dont les fonctions sont déclarées incompatibles avec leur ministère.

II. IL n'est pas nécessaire, pour être éligible aux places de Juges de Paix, & à celles de Juges de Tribunal de District, d'être actuellement domicilié, soit dans le canton soit dans le District.

III. LES Sujets élus qui auront accepté leur nomination, seront tenus de résider assiduement ; savoir, les Juges de

A

Paix dans le canton, & les Juges de District dans le lieu où le Tribunal est établi.

IV. Les Membres de l'Assemblée Nationale, & ceux des Législatures suivantes, pourront être élus aux Corps administratifs & aux places de Juges, lorsqu'ils ne seront pas absens de l'Assemblée, & présens dans l'étendue du Département où se feront les élections.

V. La qualité d'*Homme de loi ayant exercé pendant cinq ans* auprès des Tribunaux, ne s'entend *provisoirement*, & pour la prochaine élection, que des Gradués en droit qui ont été admis au serment d'Avocat, & qui ont exercé cette fonction dans des Siéges de Justice royale ou seigneuriale, en plaidant, écrivant ou consultant. L'Assemblée Nationale se réserve de statuer ultérieurement sur cette condition d'éligibilité, lorsqu'elle s'occupera de l'enseignement public.

VI. Les non-Catholiques ci-devant Membres des Municipalités, les Docteurs & Licenciés ès-loix, de la Religion protestante, pourront être élus aux places de Juges, quoiqu'ils n'ayent point rempli pendant cinq ans, soit les fonctions de Juges, soit celles d'homme de loi auprès des Tribunaux, & ce pour la prochaine élection seulement, pourvu qu'ils réunissent d'ailleurs les conditions d'éligibilité.

L'Assemblée Nationale n'entend encore rien préjuger, par rapport aux Juifs, sur l'état desquels elle s'est réservé de prononcer.

VII. Les Administrateurs qui ont accepté d'être Membres des Directoires, Procureurs-généraux-syndics, & les Procureurs-syndics, ne pourront point, à la prochaine élection, être nommés aux places de Juges, même en donnant leur démission ; ils ne pourront de même être employés dans la première nomination des Commissaires du Roi.

VIII. Les Procureurs & Avocats du Roi, & leurs Substituts gradués, les Juges feigneuriaux, les Procureurs-fifcaux qui étoient gradués avant le 4 Août 1789, font éligibles aux places de Juges, s'ils ont exercé pendant cinq ans, foit les fonctions de leur office, foit antérieurement celles d'Homme de loi, & s'ils réuniffent d'ailleurs les autres conditions d'éligibilité. Il en eft de même des Profeffeurs, Docteurs & Aggrégés des Facultés de Droit qui auront exercé leurs fonctions, ou celles d'homme de loi, pendant cinq ans, mais ils feront tenus d'opter.

IX. Les parens & alliés jufqu'au degré de coufin iffu de germain inclufivement, ne pourront être élus ni refter Juges enfemble dans le même Tribunal: fi deux parens ou alliés aux degrés ci-deffus prohibés, fe trouvent élus, celui qui l'aura été le dernier, fera remplacé par le premier Suppléant.

X. Les Juges étant en fonctions, porteront l'habit noir, & auront la tête couverte d'un chapeau rond, relevé par le devant, & furmonté d'un panache de plumes noires.

Les Commiffaires du Roi étant en fonctions, auront le même habit & le même chapeau, à la différence qu'il fera relevé en avant par un bouton & une ganfe d'or.

Le Greffier étant en fonctions, fera vêtu de noir, & portera le même chapeau que le Juge, & fans panache.

Les Huiffiers faifant le fervice de l'audience, feront vêtus de noir, porteront au cou une chaîne dorée defcendant fur la poitrine, & auront à la main une canne noire à pommé d'ivoire.

Les Hommes de loi, ci-devant appelés Avocats, ne devant former ni ordre ni corporation, n'auront aucun coftume particulier dans leurs fonctions.

DÉCRET DE L'ASSEMBLÉE NATIONALE,
sur la fixation des Traitemens des Juges, des Admi-nistrateurs, & des Frais de service, des 30, 31 Août, 1er. & 1 Septembre 1790.

L'ASSEMBLÉE NATIONALE, après avoir entendu le rapport du Comité de Constitution, décrète ce qui suit :

ARTICLE PREMIER.

Justice de Paix.

LE traitement sera, dans les Cantons & dans les Villes au-dessous de vingt mille ames, savoir :

Pour le Juge de Paix, Six cents liv. . 600 l.

Pour le Greffier, indépendamment du produit des expéditions, suivant le tarif modéré qui en sera fait, deux cents l. . 200.

Dans les Villes, depuis vingt mille ames jusqu'à soixante mille ;

Pour le Juge de paix, Neuf cents l. . 900

Pour le Greffier, Trois cents liv. . . 300

Dans les Villes au-dessus de soixante mille ames :

Pour le Juge de Paix, Douze cents l. . 1200.

Pour le Greffier, Cinq cents liv. . . . 500

II. *Tribunaux de District.*

LE traitement sera, dans les Villes au-dessous de vingt-mille ames, savoir :

Pour chaque Juge & pour le Commiffaire
du Roi, Dix huit cents livres . . . . . 1,800 l.

Pour le Greffier, indépendamment du
produit des expéditions, fuivant le tarif
modéré qui en fera fait, Six cents l. . . 600

Dans les Villes depuis vingt mille ames jufqu'à foixante
mille :

Pour chaque Juge & pour le Commif-
faire du Roi, Deux mille quatre cents l. . 2,400

Pour le Greffier, Huit cents liv. . . 800

Dans les Villes au-deffus de foixante mille ames :

Pour chaque Juge & pour le Commiffaire
du Roi, Trois mille livres 3,000

Pour le Greffier, mille livres. 1,000

A Paris, pour chaque Juge & pour
chaque Commiffaire du Roi, Quatre mille
livres 4,000

Pour chaque Greffier, Treize cent
trente-trois livres fix fous huit deniers . 1,333, 6 f. 8 d.

III. *Directoires de Diftrict.*

Le traitement fera, dans les Villes au-deffous de vingt
mille ames, favoir :

Pour les quatre Membres des Directoires, Neuf cents livres 900

Pour les Procureurs-fyndics, Seize
cents livres 1,600

Pour les Secrétaires, Douze cents l. . 1,200

Dans les Villes depuis vingt mille ames jufqu'à foixante
mille :

Pour les quatre Membres des Direc-

oires , Douze cents livres. 1,202
Pour les Procureurs-syndics , Deux mille
livres 2,000
Pour les Secrétaires , Quinze cents l. . 1,500
Dans les Villes au - dessus de soixante mille ames ,
Pour les quatre Membres des Direc-
toires , Quinze cents livres. 1,500
Pour les Procureurs - syndics , Deux
mille quatre cents livres 2,400
Pour les Secrétaires , Dix-huit cents l. . 1,800

IV. *Directoires de Département.*

Le traitement sera , dans les Villes au-dessous de vingt
mille ames , savoir :
Pour les huit Membres des Directoires ,
Seize cents livres 1,600
Pour les Procureurs-généraux-syndics ,
Trois mille livres 3,000
Pour les Secrétaires , Quinze cents l. . 1,500
Dans les Villes depuis vingt mille ames jusqu'à soixante
mille :
Pour les huit Membres des Directoires ,
Deux mille livres 2,000
Pour les Procureurs-généraux-syndics ,
Quatre mille livres 4,000
Pour les Secrétaires , Deux mille liv. . 2,000
Dans les Villes au - dessus de soixante mille ames & à
Paris :
Pour les huit Membres des Directoires ,
deux mille quatre cents livres 2,400
Pour les Procureurs - généraux-syndics ,

cinq mille livres 5,000
Pour les Secrétaires, deux mille cinq
cents livres 2,500

V. *Droits d'Assistance.*

IL sera distrait des divers traitemens ci-dessus, attribués aux Juges, aux Commissaires du Roi & aux Membres des Directoires, une somme

De trois cents livres sur un traitement de neuf cents livres ;

De quatre cent cinquante livres sur un traitement de douze cents livres ;

De six cents livres sur les traitemens de quinze cents li-livres, de seize cents livres & de dix-huit cents livres ;

De neuf cents livres sur un traitement de deux mille liv.

De douze cents livres sur un traitement de deux mille quatre cents livres.

Il sera également distrait des traitemens des procureurs-généraux-syndics & des Procureurs-syndics, une somme de trois cents livres sur un traitement de seize cents livres.

De quatre cent cinquante livres sur un traitement de deux mille livres.

De six cents livres sur les traitemens de deux mille quatre cents livres & de trois mille livres.

De neuf cents livres sur un traitement de quatre mille livres.

De douze cents livres sur un traitement de cinq mille liv.

Ces sommes distraites seront mises en masse, & distribuées en droit d'assistance entre les Juges, & le Commissaire du Roi présens, & entre les Membres des Directoires & les Procureurs-généraux-syndics & les Procureurs-syndics presens, d'après le registre de pointe qui sera tenu par le Greffier ou Secrétaire, & signé à chaque séance tant par le Président, que par le Greffier ou Secrétaire.

V I. *Mode du Paiement.*

LE Directoire de District délivrera tous les trois mois à chacun des Juges, au Commissaire du Roi & au Greffier du Tribunal, un *mandat* sur la caisse du District, du *quart* de la portion fixe de leur traitement, & un *mandat* particulier de la portion qui leur reviendra dans le produit des feuilles d'assistance, dont le résultat, pour chaque Officier, signé du Président & du Greffier du Tribunal, sera envoyé au Directoire.

VII. LES Membres des Directoires, les Procureurs généraux-syndics & les Procureurs-syndics, toucheront tous les trois mois à la Caisse du District, sur leurs quittances, le quart de la portion fixe de leur traitement; & il sera délivré à chacun d'eux, par le Directoire, un *mandat* de sa portion dans le produit des feuilles d'assistance, dont le résultat pour chacun sera constaté par le Directoire assemblé.

Pour cette année 1790 seulement, les Directoires de Département pourront délivrer, tant pour eux-mêmes que pour les Directoires de District, les *mandats* du montant de leurs traitemens sur les Receveurs particuliers des finances ou Trésoriers des anciennes provinces.

V I I I. *Frais annuels du Service.*

LES Directoires de District formeront un état par apperçu des sommes auxquelles ils estimeront que leurs frais annuels de service doivent être économiquement réduits, & ils l'asdresseront aux Directoires de Département. Ces derniers feront pareillement l'état estimatif de leurs frais de service, & l'enverront dans le délai de deux mois à l'Assemblée Nationale, avec leurs observations sur ceux des Directoires de District. Provisoirement les Directoires de Département pourront disposer d'une somme de dix mille livres pour leurs frais de loyers, salaires de Commis & menues dépenses de l'année, & les Directoires de District, de la somme de trois mille livres pour les mêmes emplois.

IX. *Frais de premier Établissement.*

LES prochains Conseils d'Administration, tant de Département que de District, délibéreront définitivement sur le choix du lieu de leur séance, de celle du Directoire, du placement de leurs Bureaux & de leurs Archives, & sur l'évaluation des premières dépenses de cet établissement qui ne devront plus se renouveler. Les états en seront également envoyés à l'Assemblée Nationale, comme il est dit à l'article précédent, & provisoirement il ne pourra être employé à ces dépenses que la somme de trois mille livres au plus par chaque Administration de Département, & celle de Douze cents livres au plus par chaque Administration de District.

X. *Imposition par Districts.*

LE Corps législatif fera imposer annuellement sur chaque District, les dépenses du Corps administratif & du Tribunal qui y seront établis. L'Assemblée Nationale invite les Administrateurs à régler avec économie celles qui les concernent, & à se distinguer à l'envi par cette simplicité patriotique qui fait la vraie décoration des Élus du Peuple.

DÉCRET DE L'ASSEMBLÉE NATIONALE,
des 6 & 7 Septembre 1790.

TITRE XIV.

De la suppression des anciens Offices & Tribunaux.

ARTICLE PREMIER.

Les Contribuables qui, en matière de contribution di-
recte, se plaindront du taux de leur cotisation, s'adresseront
d'abord au Directoire de District, lequel prononcera sur
l'avis de la Municipalité qui aura fait la répartition. La
partie qui se croira lésée, pourra se pourvoir ensuite au
Directoire de Département, qui décidera en dernier ressort,
sur simples mémoires & sans forme de procédure, sur la
décision du Directoire de District. Tous avis & décisions
en cette matière seront motivés.

II. Les actions civiles relatives à la perception des
impôts indirects, seront jugées en premier & dernier ressort,
également sur simples mémoires & sans frais de procédure,
par les Juges de District, lesquels une ou deux fois la se-
maine, selon le besoin du service, se formeront en Bureau
ouvert au Public, composé d'au moins trois Juges, &
prononceront après avoir entendu le Commissaire du
Roi.

III. Les Entrepreneurs des travaux publics seront tenus
de se pourvoir sur les difficultés qui pourroient s'élever en

interprétation ou dans l'exécution des claufes de leurs mar-
chés, d'abord par voie de conciliation, devant le Directoire du Diftrict; & dans les cas où l'affaire ne pourroit
être conciliée, elle fera portée au Directoire de Département, & décidée par lui en dernier reffort, après avoir vu
l'avis motivé du Directoire de Diftrict.

I V. Les demandes & conteftations fur le règlement des
indemnités dûes aux particuliers, à raifon des terrains pris
ou fouillés pour la confection des chemins, canaux ou
autres ouvrages publics, feront portées de même, par voie
de conciliation, devant le Directoire de Diftrict, & pourront l'être enfuite au Directoire de Département, lequel
les terminera en dernier reffort, conformément à l'eftimation
qui en fera faite par le Juge de Paix & fes Affeffeurs.

V. Les particuliers qui fe plaindront des torts & dommages procédant du fait perfonnel des entrepreneurs, & non
du fait de l'Adminiftration, fe pourvoiront contre les Entrepreneurs, d'abord devant la Municipalité du lieu où
les dommages auront été commis, & enfuite devant le
Directoire de Diftrict, qui ftatuera en dernier reffort, lorfque
la Municipalité n'aura pu concilier l'affaire.

VI. L'Administration en matière de grande Voierie,
appartiendra aux Corps adminiftratifs, & la police de
confervation, tant pour les grandes routes que pour les
chemins vicinaux, aux Juges de Diftrict.

V I I. En matière d'Eaux & Forêts, la confervation &
l'adminiftration appartiendront aux Corps qui feront indiqués
inceffamment; il fera ftatué de plus fur la manière de faire
les ventes & adjudications des Bois. Les actions pour la
punition & réparation des délits, feront portées devant
les Juges de Diftrict, qui auront auffi l'exécution des
Règlemens concernant les Bois de particuliers & la police

de la Pêche , & qui , dans tous les cas , entendront le Commiffaire du Roi.

VIII. Tout le contentieux relatif aux tranfactions du Commerce maritime, dont les Amirautés connoiffent actuellement , étant attribué aux Tribunaux de Commerce , il fera pourvu au furplus à ce que la police de la navigation & des Ports foit utilement adminiftrée, & les Comités de la Marine & du Commerce préfenteront inceffamment leurs vues fur cet objet.

IX. La compétence des Juridictions & de la Cour des Monnoies , foit pour la police des communautés qui travaillent les matières d'or & d'argent , foit pour les conteftations entre les particuliers & les Orfèvres, relatives au commerce de l'orfévrerie , appartiendra aux Juges de Diftrict , & il fera pourvu par une Commiffion d'Officiers nommés par le Roi , tant à la furveillance de la fabrication des efpèces dans les hôtels des Monnoies , qu'à la décharge définitive des Directeurs des Monnoies.

X. Au moyen des difpofitions contenues dans les articles précédens , les Elections , Greniers à fel, Juridictions des Traites , Grueries , Maîtrifes des Eaux & Forêts , Bureaux des Finances, Jurifdictions & Cours des Monnoies, & les Cours des Aides , demeureront fupprimés.

XI. Les Tribunaux d'Amirauté & les Prévôtés de la Marine fubfifteront jufqu'à ce que, conformément à l'article VIII. ci-deffus , on ait pourvu à la police de la navigation & des Ports , & ils ne pourront connoître que de ces objets.

XII. Au moyen de l'abolition du régime féodal , les Chambres des Comptes demeureront fupprimées auffi-tôt qu'il aura été pourvu à un nouveau régime de comptabilité.

XIII. Au moyen de la disposition contenue en l'article seize du titre II ci-dessus, les Committimus au grand & au petit sceau, les Lettres de Garde-gardienne, les Priviléges de cléricature, de scholarité, du scel des Châtelets de Paris, Orléans & Montpellier, des bourgeois de la ville de Paris, & de toute autre ville du Royaume, & en général tous les priviléges & attributions en matière de jurisdiction; ensemble tous les Tribunaux de privilége ou d'attribution, tels que les Requêtes du Palais & de l'Hôtel; les Conservations des priviléges des Universités, les Officialités, le Grand-Conseil, la Prévôté de l'Hôtel, la Jurisdiction Prévôtale, les Siéges de la Connétablie, le Tribunal des Maréchaux de France, & généralement tous les Tribunaux autres que ceux établis par la présente Constitution, sont supprimés & abolis.

XIV. Au moyen de la nouvelle institution & organisation des Tribunaux, pour le service de la jurisdiction ordinaire, tous ceux actuellement existans sous les titres de Vigueries, Châtellenies, Prévôtés, Vicomtés, Sénéchaussées, Bailliages, Châtelets, Présidiaux, Conseil Provincial d'Artois, Conseils supérieurs & Parlemens, & généralement tous les Tribunaux d'ancienne création, sous quelque titre & dénomination que cesoit, demeureront supprimés.

XV. Les Officiers des Parlemens tenant les Chambres des Vacations établies par le Décret du 3 Novembre dernier, cesseront leurs fonctions, à Paris, le quinze Octobre prochain, & dans le reste du Royaume le 30 Septembre présent mois.

XVI. Les mêmes jours trente de ce mois & quinze Octobre, les Officiers Municipaux des lieux où les Parlemens sont établis, se rendront en corps au Palais, à l'heure demidi, & après avoir fait fermer les portes des salles,

Greffes, Archives & autres dépôts de papiers ou minutes, y feront apposer en leur présence le scellé par le Secré-taire-Greffier. Pour la sûreté des dépôts, ils requerront en outre du Commandant, soit des Gardes Nationales, soit des Troupes de ligne, le détachement nécessaire à la garde des portes extérieures.

XVII. Les Officiers des autres Tribunaux continueront leurs fonctions jusqu'à ce que les nouveaux Juges puissent entrer en activité.

XVIII. Les Titulaires des offices supprimés feront remettre au Comité de Judicature les titres ou expéditions collationnées des titres nécessaires à leur liquidation & remboursement, dont le taux & le mode seront incessamment déterminés.

XIX. L'Assemblée Nationale décrète que les Électeurs nommés par les Assemblées primaires qui se tiendront tous les deux ans, lors du renouvellement des Législatures, resteront Électeurs pendant le cours des deux années, non-seulement pour la formation des Corps administratifs, mais encore pour la nomination aux places de Juges & aux Offices ecclésiastiques.

Et sur le doute qui s'est élevé à l'occasion de la prochaine formation des Tribunaux, décrète en outre, conformément aux articles I & II du Titre VI de l'Organisation judiciaire, que les Électeurs déjà nommés pour la formation des Corps administratifs, seront Électeurs pour la prochaine formation des Tribunaux.

XX. Les Chancelleries établies près les Cours supérieures & les Présidiaux, ensemble l'usage des Lettres royaux qui s'y expédient, demeureront supprimés aux époques res-pectives fixées par les articles XV & XVII ci-dessus.

XXI. En conséquence & à compter des mêmes époques,

il suffira dans tous les cas où lesdites lettres étoient ci-devant nécessaires, de se pourvoir par-devant les Juges compétens pour la connoissance immédiate du fonds ; & l'on se conformera pour le bénéfice d'inventaire, aux loix de chaque lieu, autres que celles qui requièrent à cet effet des Lettres royaux.

XXII. Quant aux Chancelleries créées par l'Edit du mois de Juin mil sept cent soixante & onze, près les Siéges royaux, il en sera provisoirement établi une près chacun des Tribunaux de District, à l'effet de sceller les lettres de ratification pour tout son ressort.

XXIII. En conséquence, lorsque dans le ressort d'un Tribunal de District, il ne se trouvera qu'une desdites Chancelleries, elle sera transférée près ce Tribunal.

S'il s'en trouve plusieurs, le plus ancien des Conservateurs des hypothèques & le plus ancien des Greffiers expéditionnaires, seront de préférence admis à l'exercice de la Chancellerie qui sera établie près le Tribunal de District.

Dans l'un & l'autre cas, l'office de Garde-des-Sceaux sera, en vertu du présent Décret, & sans qu'il soit besoin de Provisions ni de Commissions particulières, exercé gratuitement à tour de rôle & suivant l'ordre du tableau, par les Juges du Tribunal de District, le tout sauf à statuer par la suite ce qu'il apartiendra pour le Département de Paris, & sans rien innover à l'égard des anciens ressorts des Cours supérieures qui n'ont pas enregistré l'Édit du mois de Juin 1771.

XXIV. Les contrats assujettis à l'insinuation, au sceau ou à la publication, seront aussi provisoirement insinués, scellés & publiés près le Tribunal du District dans l'arrondissement duquel les immeubles qu'ils auront pour objet seront situés, sans avoir égard aux anciens ressorts.

LE ROI, après avoir accepté & sanctionné lesdits Décrets, a ordonné & ordonne qu'ils seront envoyes tant aux Corps administratifs qu'aux Municipalités & aux Tribunaux, & executés suivant leur forme & teneur. FAIT à Saint-Cloud, le onze Septembre mil sept cent quatre-vingt-dix. *Signé* LOUIS. *& plus bas*, Par le ROI. GUIGNARD.

A PARIS,

DE L'IMPRIMERIE NATIONALE.